Carl Hessel

Die deutschen Familiennamen und ihr Zusammenhang mit der deutschen Kultur

Erläutert an den in Kreuznach vorkommenden Namen

Carl Hessel

Die deutschen Familiennamen und ihr Zusammenhang mit der deutschen Kultur
Erläutert an den in Kreuznach vorkommenden Namen

ISBN/EAN: 9783743485730

Hergestellt in Europa, USA, Kanada, Australien, Japan

Cover: Foto ©ninafisch / pixelio.de

Weitere Bücher finden Sie auf **www.hansebooks.com**

Die deutschen Familiennamen

und

ihr Zusammenhang mit der deutschen Cultur.

Erläutert

an den in Kreuznach vorkommenden Namen.

Vortrag,

gehalten von C. Hessel cand. min.

Kreuznach 1869.
R. Voigtländer.

Vorbemerkung.

Ursprung und Bedeutung wenigstens des eigenen Namens zu kennen, den man sein Lebenlang mitherumträgt, hunderttausendemal ihn hörend, schreibend und aussprechend, das interessirt selbst Manchen, der sich sonst um Sprachstudien wenig kümmert. Deshalb gelangten auch, nachdem darüber ein Vortrag gehalten war, seitdem eine große Anzahl nachträglicher Erkundigungen an mich und Anfragen. Eine Beantwortung derselben möge vorliegende Bearbeitung jenes Vortrages sein. Es finden sich hier eine ziemliche Fülle von Einzelheiten, Bemerkungen ꝛc., die im Vortrag fehlten: denn wer in Muße liest und nach Gefallen hier und da mit seinen Gedanken verweilen und dann wieder überschlagen kann, muß billig größere Vollständigkeit verlangen, als wer eine stets weitereilende Rede anhört. Die in Creuznach vorkommenden Namen sind durch besondern Druck hervorgehoben; dieselben sind übrigens, soweit sie mir bekannt waren, nahezu a l l e berücksichtigt, und zwar nicht sowohl aus Localpatriotismus, als vielmehr, weil die Absicht, aus den Namen einer Gegend auf die Cultur zu schließen, nur dann erreicht werden kann, wenn diese Namen in einer gewissen Vollständigkeit gegeben sind. Bei der Schwierigkeit, die es hat, manche Wortstämme richtig zu zergliedern und zu deuten, ist es natürlich unvermeidlich, daß manche, aber immerhin wenige, Erklärungen nur auf Wahrscheinlichkeit und Vermuthung beruhen; Berichtigungen sind also stets willkommen.

C. H.

Unsere deutschen Vornamen und Familiennamen, wie sie jetzt sind, sind sehr willkürliche Bezeichnungen und passen nur zufällig zuweilen auf die Besitzer. Meist aber sind sie wie zu weite oder wie zu enge Kleider. Denn man hört oftmals in den Straßen Kreuznachs „Huld a" rufen, ohne daß dem eine huldvolle, anmuthige Erscheinung entspräche, Rosa, wo nichts Rosiges, Bertha, wo nichts Prächtiges, August, wo nichts Ehrwürdiges dahintersteckt, Philippine, wo die Trägerin des Namens durchaus keine Pferdeliebhaberin ist. Ebenso bei Zunamen. Es gibt hier Ochs, die kluge Geschäftsleute sind, Käß, die in ganz gutem Geruche stehen, Wolf, an denen man keine Mordlust oder Blutgier merkt, Schneegans, die Sommer und Winter umherflattern, Stöck, die nicht holzig sind, junge Alt und alte Jung, kleine Groß und große Klein. Ernst, die vielleicht viel sprechen und Strenge, die mit sich reden lassen, Morgenstern, die nichts Himmlisches an sich haben und auch Abends sichtbar sind, Schneider, die keinen Stich machen, sondern höchstens einen haben können ꝛc. ꝛc. Dieses Nichtpassen kommt daher, weil die Namen so zu sagen nicht an den Leib ihres jetzigen Trägers angepaßt sind, sondern vererbt und ursprünglich für andere gemacht. Wir haben uns nun die Aufgabe gestellt, jene ursprünglichen Besitzer aufzusuchen, die Zeit und die Verhältnisse ausfindig zu machen, unter denen unsere Namen entstanden sind.

Denn das können wir von vorn herein annehmen, daß alle Namen ursprünglich, als sie zuerst gegeben wurden, eine bestimmte Beziehung auf die Personen gehabt haben müssen, denen man sie beilegte. Wenn auch jetzt unter einem Namen eine rein zufällige Bezeichnung eines Menschen verstanden wird, so liegt doch in dem Wort „Namen" der Sinn, daß es eine nothwendige und eng zu einem Menschen gehörende Bezeichnung desselben ist.

„Wenn der Leib in Staub zerfallen
„Lebt der große Name noch,"
sagt Schiller. Der Name, der damit gemeint ist, ist die Gesammtheit aller Eigenschaften eines Menschen, wie sie in der Vorstellung der andern Menschen lebt. Ein guter Name oder ein guter Ruf ist das Gute, das die andern eng mit der Vorstellung von unserer Person zu verknüpfen pflegen. Der Name Gottes ist Gott selbst, wie er in unsern Gedanken lebt, wie wir ihn uns vorstellen, wie er sich uns kund gibt. Und so und nicht anders ist der richtige Begriff von „Namen," nämlich die Person selbst, wie sie sich äußert, wie sie in den Vorstellungen Anderer vorhanden ist. Für uns selbst brauchen wir keinen Namen, erst damit Andere uns von Andern unterscheiden können, brauchen wir einen. Die allein passende und ursprüngliche Namengebung ist demnach die, welche uns charakteristisch und entschieden von allen andern Menschen unterscheidet. Je mehr der Namen die hervorstechendste Eigenthümlichkeit des Einzelnen bezeichnet, desto richtiger ist er.

Aber in Wirklichkeit mußte es natürlich anders kommen. Denn solche wohlpassenden Namen können den Menschen erst gegeben werden, wenn man sie bereits kennt. Nun aber will man die Menschen schon bald nach der Geburt nennen, wo selten bestimmte Eigenthümlichkeiten schon hervortreten. Da nennt man denn das Kind nicht so, wie es ist, sondern, wie man wünscht daß es werden soll. In der That sind bei Völkern, die der Natur noch näher stehen, die Namen meist von dieser Art, so daß man aus denselben prächtig herauslesen kann, was für Eigenschaften sie als erstrebenswerthe ansehen, überhaupt was sie als Tugend und Güter des Lebens erachten. Hören wir z. B. daß die Indianer Amerikas sich Pfeilspitze nennen, Prairiewolf, Klapperschlangenzahn, Scalpbeuter, Büffelhaut 2c. so können wir allein daraus auf ihren Culturstandpunkt schließen, auf ihre Lebensweise, Gewohnheiten, Jagdzüge, Kriegsfahrten, Waffen 2c.

In der ältesten Zeit der Juden nannten sie sich Abraham (Vater der Menge) Sara (Fürstin); andere Namen bedeuteten Zeltvorhang, Taube, Schminkdöschen, Rahel ist Schäfchen, Anna ist „eine, die mir geneigt ist," also Geliebte, Gnädige: lauter kleine Bilder aus dem Morgenlande und dem Nomadenleben, wo viel Nachkommenschaft als höchstes Glück galt, wo die Frauen geachtet, aber doch mehr als Spielzeug und Kostbarkeit angesehen wurden, in strengster Häuslichkeit verschlossen. Die späteren jüdischen Namen erinnern an den ernsten erhabenen Dienst des Einigen Gottes Jehovah: Israel (Gotteskämpfer) Daniel (Gott ist mein Richter) Elisabeth (Gott ist meine Ruhe) Jonathan (Gottes Geschenk) Johannes (Gott ist gnädig) ꝛc. So auch spiegeln die griechischen Namen die Liebe zu Ruhm und Thaten, das Walten in Rath und Volksversammlung getreulich ab, so auch die altdeutschen ihren Götterdienst, ihre Kriegs- und Jagdlust, ihr öffentliches und häusliches Leben. (Davon sogleich mehr).

Sobald aber nun alle solche Namen in andere Zeiten hinüber vererbt wurden, und in anders gewordene Verhältnisse, konnten sie natürlich nicht mehr so lebensvoll bleiben.

Was aber zunächst hier von den Vornamen gesagt ist, gilt auch von den Familiennamen. Und indem wir die andern Völker verlassen, wenden wir uns nun unserer eigentlichen Aufgabe zu, den deutschen Geschlechtsnamen.

Die alten Deutschen theilten sich in Freie, Halbfreie und Sclaven. Nur die Freien hatten Grundbesitz als Eigenthum. Die Familien hielten in sich streng zusammen, denn nur so konnte der Einzelne bei der Unsicherheit der Zustände einigermaßen sicher sein, wenn die ganze Familie für ihn einstand. Als Zeichen der Zusammengehörigkeit hatten alle „wehrhaften" Mitglieder der Familien, ja alle wehrhaften Männer, die zum Gefolge der Familien gehörten, ein und dasselbe Zeichen an den Waffen, besonders an den Schilden, einen Thierkopf oder dergleichen. Daher der Ausdruck Wappen und Wappenschild. Aber um die Familienzusammengehörigkeit auch für das Ohr kenntlich zu machen, nannten sie sich schon sehr früh im Mittelalter nach ihrem Besitzthum, indem sie zugleich Herr d. h.

Gebieter dem Namen zufügten, so: Herr Heinrich von Katzenellenbogen, Herr Hartmann von der Aue, Herr Rudolf von Habsburg ꝛc. Im 10. Jahrhundert finden wir dies schon ganz allgemein. Dies war aber so wenig fester Name, daß noch im 13. Jahrhundert Glieder derselben Familie, wenn sie eine neue Burg bauten, nach der neuen Burg sich nannten. Allmählich aber wurden diese vom Besitz genommenen Namen feste, unveränderliche Namen der Familie.

Die Nichtadelichen aber, d. h. die Nichtbesitzenden begnügten sich mit dem Taufnamen. Als nun die Städte aufkamen und mächtig wurden, so hatte man dort auch Besitz, nämlich Hausbesitz, und man nannte sich so, wie das Haus hieß: Meister Regenbogen, — Meister Hirsch ꝛc. Auch die freien Bauern nannten sich nach ihren Höfen.

Aber erst im 15. und 16. Jahrh. wurden die Familiennamen allgemein, als auch besonders durch Kirchenbücher und Gerichte, die Nichtbesitzenden, Bürger wie Bauern, Bedürfniß nach Geschlechtsnamen empfanden. Daß in der That beim Familiennamen lange Zeit die Leute nicht genannt wurden, sondern nur geschrieben, erkennt man noch deutlich daran, daß noch heutzutag die Bauern fragen: „Wie heißt er?" dann wollen sie nämlich den Vornamen wissen; aber: „wie schreibt er sich?" wenn sie den Familiennamen erfahren wollen.

Man machte also, denn das war das Nächstliegende, einfach den Taufnamen zum Zunamen. Das ging schon deshalb ohne viel Verwirrung, weil nicht eine so beschränkte Zahl von Taufnamen üblich war, wie heutzutage, wo einige Dutzend Taufnamen stets sich wiederholen, wo es von Carls und Heinrichen und Fritzen wimmelt, sondern noch stets neue erfunden wurden, so daß gewisse Namen in gewissen Familien gleichsam erblich und eigenthümlich geworden waren*).

---

*) Ist es doch sehr natürlich, daß in Zeiten, wo die Sprache mehr gesprochen wird, wenig geschrieben, gar nicht gedruckt, der Sprachgeist viel lebendiger ist, daß Jeder ohne Bedenken neue Worte und Formen nach

Oder die Leute nannten sich auch nach ihrem Gewerbe. Oder endlich sie nahmen ihre Beinamen und Spitznamen. Zuletzt dann mußten Alle, die Juden zum Theil noch in diesem Jahrhundert, Geschlechtsnamen annehmen.

So ergeben sich vier bestimmt zu scheidende Gruppen, in die sich sämmtliche eigentlich deutschen Familiennamen einordnen lassen:

1. vom Besitz entlehnte Namen, darunter unterscheiden wir wieder abelige, bäuerliche, bürgerliche.
2. solche, die ursprünglich Taufnamen sind.
3. vom Beruf hergenommene Namen.
4. Beinamen, die zu Familiennamen wurden.

Als 5. Gruppe können wir noch die Judennamen hinzufügen, und, wenn wir wollen, als

6. Gruppe die Namen fremdländischen Ursprungs.

I.

Als erste Gruppe stellen wir also die Namen auf, die den Besitz der Personen bezeichnen. Hier kämen zunächst die abeligen Namen in Betracht. Bis in das 17. ja in das 18. Jahrhundert waren ablige Familien auch über unsre Gegend sehr verbreitet, wie ein Blick auf die Burgruinen oder auch in die Creuznacher Chronik lehrt, wo über 30 abelige Familien aufgezählt sind, die in Creuznach selbst begütert waren. Die vielen Kriege, besonders aber die Verwüstung der Pfalz unter Ludwig XIV. 1684 haben alle vertrieben, und einheimischer Adel ist gar nicht mehr vorhanden. Nur das sei noch in Bezug auf abelige Namen bemerkt, daß, da Herr von Dalberg oder Herr von So und so, wie wir sahen, nichts anders bedeutet als Eigenthümer von Dalberg oder

---

Gutdünken und Bedürfniß sich selber bildet. Ist eine Sprache dagegen durch eine große Literatur in feste Regeln gebannt, in „spanische Stiefel eingeschnürt" dann heißt es leider stets: das ist nicht schriftgemäß, das ist undeutsch u. dergl., sobald Jemand sich erlaubt, ungewöhnliche Worte oder neue Taufnamen zu bilden.

von So und so, es höchst lächerlich klingt, wenn neugebackener Abel plötzlich als Herr von Erlanger, Herr von Müller ꝛc. auftaucht: denn was heißt da das „Herr von"? Von was sind sie denn Herr? Sind sie Eigenthümer von Müller? Da müßte es doch mindestens Herr von Mühlen heißen, so wäre vielleicht an den sogenannten Bachadel zu denken, aber so?! Man sieht eben daran, wie sehr die Worte „Herr von" leerer Klang und hohler Titel geworden sind, „Gewöhnlich glaubt der Mensch, wenn er nur Worte hört,
Es müsse sich dabei auch etwas denken lassen" — aber bei den neugeschaffenen Abelsnamen müssen wir dennoch gestehen, daß gar kein Sinn damit zu verbinden ist, wenn sich auch vielleicht grade deshalb manches dabei denken läßt.

Wie der Adel nach seiner Burg, so nannten sich die früher halbfreien, späterhin ganzfrei gewordenen und damit auch abligen Bauern nach ihrem Hof. In Westfalen ist dies denn auch durchgehends Sitte, ja sogar hie und da soweit, daß, wer auf einen Hof heirathet, seinen alten Namen gegen den des Hofes eintauscht. Bei uns haben nun stets die geschlossenen Dörfer existirt, Höfe wohl niemals, und so sind derartige Namen auch bei uns nicht heimisch; wo sie etwa vorkommen, stammen sie anderswoher. So: Neuhof — Althof — Potthoff — Aschoff (mittelhochdeutsch der asch die Esche, also Eschenhof) — Rüstelhuber (Besitzer des Rüsternhofes) — Sudhoff (südlich gelegner Hof, wie Osthof, Westhofen.) — Anderswo verbreiteten Namenbildungen sind: Meierhof — Grashof — Eichhof ꝛc. Es heißt auch einfach: Im Hof — Von Hof — Hof — Huf — Hub — Hofer — Höfer — Huber — Hofmann — Hofbauer. — Liegt der Hof in der Nähe eines Steges, auf dem Weg zum Steg hin, so heißt der Besitzer: Zumsteg — ähnlich Zumbruch — Zumlohe — niederl. ter Linden — Terburg. — Liegt der Hof am Ende, so heißt der Besitzer am Ende. Meist jedoch sagt man statt Zumsteg — Stegmann, statt Neuhof — Neumann, statt Althof — Altmann.

Liegt der Hof an einem Hag (Hecke) so heißt der Besitzer: Hagemann, zusammengezogen Heymann — Heckmann; am Horst ober Horſt (Gebüſch, niederb.): Hoſter — Höſtermann — Horſtermann; an der Brücke: Brückmann: am Bach: Bachmann — Beckmann, ober grabezu Am Bach — am Weiher: Weyermann — am Pfuhl: Pollmann — Pohlmann — An der Heide: Heidemann. — In einer Kuhle (Erbvertiefung): Cullmann — Kuhlmann. — In einer Delle (kleines flaches Thal, bei uns Dalle, anderswo Doll, hochd. Thal, alles baſſelbe Wort, denn das Gerippe der Wörter ſind ſtets die Conſonanten, die Vocale wachſen ſo an, wie den ſie ausſprechenden Leuten der Schnabel gewachſen iſt) — Dellmann. — In einem Winkel: Winkelmann. — Auf einem Damme oder Deich: Deichmann — auch einfach Damm — Dämgen — Tamme — Auf einem Brink (Rain, Rech niederb.): Brinkmann — an der Weide: Wiedemann — An der Linde: Lindemann — Lindner — An der Buche: Buchner — Büchner — an der Eiche: Eichmann — halsbrechende, ſchlechte Wege nennt man in Norddeutſchland Knüppeldamm, bei uns, z. B. in Windesheim „eine Kniebrech,“ oder „Beinbrech“. Leute, die an ſolchen Wegen wohnen, heißen ebenſo.

In der Grafſchaft Mörs, in Jülich, Cleve ꝛc. iſt folgende Namenbildung ſehr verbreitet: heißt Jemand Lange, ſo heißt der Hof Langeshof, oder einfach Langes. Und von da ab heißen alle Bewohner des Hofes nicht mehr Lange, ſondern Langes, auch die ſpätern Eigenthümer. (Aehnlich bei uns: ins Dreſſings b. h. in des Herrn Dreſſings Haus oder Familie). So wimmelt es am Niederrhein von Höges, Hodes, Zerwes, Hüdes, Hankes, Ditges, Stöpges, Spirwes ꝛc. bei uns wenige Namen, die wohl von borther kommen: Fehrs, Herges, Langes, Crones, Ahles, Piens, Hönes.

Kommen wir vom Land in die Stadt, ſo nannten ſich dort, wie geſagt, die Bürger nach ihrem Haus.. Denn die Bezeichnung der Häuſer nach Nummern iſt eine Erfindung der uniformirenden, nummerirenden, mit Zahlen beweiſen wollenden Neuzeit. Früher war jedes Haus individueller, gemüthlicher, jedes hatte etwas Apartes und Eigenthümliches, was es von allen andern unterſchied, es war gleichsam eine Person. Darum hatten die Häuser auch Namen, so gut wie ein Mensch. Die Reste davon finden sich noch in alten Reichsstädten z. B. in Frankfurt, wo Privathäuser Namen führen, wie: zum Wolfseck, zum Türkenschuß, gelber Hirsch, Engel, Braunfels, goldne Hand ꝛc., besonders aber in der Schweiz, wo es gar heißt: zur vordern Gedulb, zur hintern Gedulb, wenn nämlich das Haus „Gedulb" durch irgendwelche Veranlassung getheilt worden war. Unsere Wirthshausschilder, nicht die pomphaften: Hôtel de Russie, de l'Europe, oder am Ende gar de l'Univers, sondern die bescheidenen, gemüthlichen, einladenden: zum Heidelberger Faß, zum Adler, zum blauen Hecht, zum weißen Roß ꝛc. sind nur Ueberreste jener Bezeichnung, ebenso die Namen der Apotheken: Löwe, Einhorn, Schwan ꝛc.

Die Schilde verherrlichten nun entweder eine hochstehende Person, oder wurden dem Thier- und Pflanzenreich entnommen, oder bezogen sich auf das Gewerbe, das im Haus getrieben wurde. Denn die Gerechtigkeit dazu haftete in der Zunftzeit nicht an der Person, sondern am Haus, wie heut noch bei Apotheken, und in Lübeck bis vor Kurzem auch bei Brauern, Goldschmieden ꝛc. Da hing denn irgend ein Handwerksgeräth, gemalt oder in Natur. Zu einer Zeit, wo's noch keine Schaufenster gab, wo man sagen konnte:

Ein Ritter so gelehret was,
Daß er in den Buochen (Büchern) las,

war es eben nöthig, daß Handwerker auf diese Art ihre Wohnung bemerklich machten. Ueberreste dieser Sitte sind grade noch bei den Gewerbetreibenden zu finden, die man auch heutzutage, weil man sie oft nothwendig braucht, am liebsten nicht erst durch Schilderlesen erfahren, sondern schon von weitem bemerken will, es sind die Barbierschüsselchen, die Bierzeichen und in Bingen die Tannensträußer. In der Mühlengasse sind an einem alten Haus zwei steinerne Bretzeln ausgehauen, um es als Bäckerhaus zu kennzeichnen. Nach diesen Dingen, die wirklich oder nachgemalt am Hause wie ein Wappen angebracht waren, hießen nun Haus und Bewohner.

Wie wir aus noch bestehenden Namen schließen, waren solche Wappenschilder:

Engel — Teufel — Mann — Kind — Kaiser — König — Prinz — Ritter — Kron — Bischof — Papst — Graf — niederb. Form: Grefe und Grebe, daher Gref — Landgrebe.

Nach Säugethieren: Wolf — Löw — Fuchs (niederl. Foß, Voos) — Hamscher — Hirsch — Haas — Stierle — Ochs — Maus — Gambs (Gemse) — Greif (geflügelter Löwe mit Vogelkopf) — Kuhfuß — Rehfuß — Rehorn.

Nach Vögeln: Vogel — Adler — Geyer — Habicht — Falk — Kauz — Nachtigall — Gauch (Kukul) — Fink — Troschel (Droßel) — Amsel — Stahr — Storck (Storch) — Duhl (Dohle) — Scharvogel (Schaarvogel, Zugvogel) — Gans — Schneegans — Trapp (jagdbarer Sumpfvogel) — Hahn und seine Familie: — Hänlein — Göckel — Henn — Kapaun — Kücken; — Speht (Specht).

Auch Fische waren sehr beliebt: das ablige Haus Salm — Hecht — Zander oder Sander — Stör — Hering — Böcking — Renk — Plöz — Scholl. — Backfisch ist meines Wissens nie auf alle Glieder einer Familie ausgedehnt worden, wohl aber Mayfisch, denn Heſſel iſt ein Mayfiſch, ſchon im altdeutſchen als hasila vorkommend, im mittelhd. als hesel, ſpäter als Heſſel. (Doch vergl. weiter unten).

Sogar die niedern Thiergattungen wählte man, ſo gibt es z. B. Krebs — Hummel — Floh — Ameis — Mügge (Mücke) — Brem und Bräm (Bremſe) — Gleim (das glimmende Johanniswürmchen).

Aus dem Pflanzenreich haben wir: Baum — Blum — Rohr — Röhrig — Appel — Kirſch — Roos — Roſen; — beſonders gern auch wildwachſende Pflanzen, bei uns: Knobloch — Effet (Epheu) — Hederich — Neſſel — Calmus — Ginſter — Heydorn (Hageborn) —

Aus Mineralien: Marmor — Stahl — Erbt — Silber — Meſſing.

Auch Theile des menſchlichen Körpers dienten als Schild und Namen, hier: Fauſt — Daum — Zeh — Olgel und Diehl (d. h.

Schenkel, von blech Dickbein grade so verkleinert wie Schenkel aus Schinken) — Fuß; sonstwo auch: Haupt — Finger — Knie — Mund — Zahn — Malzahn (Backenzahn) — Schenkel ꝛc.

Schilder bei Handwerkern waren: Bei einem Spengler oder Küster: Löschhorn; bei einem Schreiber: Beisiegel; bei einem Bogner (Schießbogenmacher): Bogen; bei einem Wagner: Wägelein — Ax; bei einem Zimmermann: Frommholz (frommen heißt nutzen, also Nutzholz, Bauholz). Andere hölzerne Dinge: Stab — Stöck — Steuer — Scheib; eiserne: Karst — Axt — Kneib (Zange) — Bohrer — Nagel; lederne: Rohleder — Tesch (Tasche) — Lapp — Riem — Schuck — Ledderhos; Brau= und Wirthschaftssachen: Maisch — Molz (Malz) — Schraut (Schrot) — vielleicht auch Kühl. Maße aller Art: Oehm (Ohm) — Schopen — Schopp — Tschopp (franz. Chopin) — Faas (Faß) — Maas — Meß — Metz — Metze — Metzen — Schaff (von schöpfen, jetzt veraltet, und verkleinert in:) Scheffel — Simmer — Dechend (zehn Stück). Allerlei Eßbares: Bohn — Erbes — Kappes — Kohl (niederb. Kaul) — Pfannkuchen — Braben — Ziemer — Spen=lock (spen, spon ist mittelhochd. Milch, Spanferkel ein saugendes Ferkel, ein Spenlock ein Milchgelochs, Milchbrei) Brod — Weißbrod — Käß (denn wenn auch kurz „ä" gesprochen wird, so muß man doch der Wahrheit zu Liebe den Namen unter diese Eßwaaren einreihen). Geldstücke: Schilling — Golling (Gulden) — Heller — Grosch. Andere Geräthe: Kunkel — Mink (eine Bierspitz) — Kehr (Besen) — Röbig — Quast — Schlag (Fallthür z. B. Taubenschlag) — Schlegel — Harf oder Herf — Preisel (Schnürriem, preisen oberd. schnüren.)

Besonders deutlich ist der Ursprung aus Schildern an solchen Namen ersichtlich, wie Zur Hosen, (bei einem Strumpfwirker, denn Hose ist Strumpf und Beinkleid in einem Stück gewebt, Tricot).

Manche dieser Namen können nun freilich auch Spitznamen gewesen sein, so kann ein Rothkopf oder Schlaukopf (was ja auch meist verbunden ist) Fuchs genannt worden sein, einer mit langen Beinen Storch, ein Herumziehender Scharvogel ꝛc.

II.

Als zweite Gruppe bezeichneten wir die Namen, die eigentlich Taufnamen waren. Dies war entweder der eigene Name, oder der des Vaters. Denn die Sitte nach dem Vater die Familie zu nennen, ist sehr natürlich, weil der Vater doch das Haupt derselben ist, der, durch den eigentlich ihre Existenz bedingt ist. Wo die Sitte herrscht, daß die Brüder sich allesammt nach dem Vater nennen, deutet das auf patriarchalisch pietätsvolle Zustände. Denn damit fühlt sich ja jeder sein Lebenlang in seiner Eigenschaft als Sohn. Bei uns ist von dieser Sitte wenigstens darin noch eine Andeutung zu finden, daß wir erst wenn wir erwachsen sind, das Gefühl haben, daß der Familiennamen nicht bloß dem Vater, sondern auch uns gehört. Will man von Kindern ihren Familiennamen wissen, so darf man sie nicht fragen: wie heißt Du? sondern: wem bist Du? „Ei des Dressings," oder „Ei des Herr Dressings" ist die Antwort. Eben weil es so natürlich ist, darum finden wir die Sitte, sich nach dem Vater zu nennen, uralt und weit verbreitet. Am weitesten gehen darin die Araber. Heißt einer Hassan und sein Sohn Abballah, so nennt sich der Sohn nie Abballah, sondern nur Ibn Hassan, Sohn des Hassan; erst bei seinem Sohn taucht sein Name auf als Ibn Abballah. In Spanien wird ez angehängt: Fernando, Fernandez; in Irland O: O'Connell; in Schottland mac: Macdonald, Macbeth, und fiß: Fitzgerald; im Slavischen witz oder witsch: Prudelwitz, Alexandrowitsch. Bei allen Germanen Son oder Sen: Johnson, Petersen, Thorwaldsen. Am meisten geschieht dies in Skandinavien, während die Deutschen oft den Namen des Vaters in den Genitiv stellen: Peters d. h. Sohn des Peter, oder mit lateinischer Endung: Petri, Matthiae, Hermanny, d. h. Petri filius.

Nach Einführung des Christenthums in Deutschland blieben die alten Namen zwar bestehen, aber da es Sitte ward, bei der Taufe einen Heiligen zum Schutzpatron zu nehmen, und darnach sich zu nennen, so kamen eine Masse lateinischer, griechischer u. dgl. Namen ins Land. Die alten deutschen Namen aber erhielten sich nur deßhalb in so großem Umfang, weil im Laufe der Zeit so viele germanische Mönche, Märtyrer, Einsiedler ꝛc. unter die Heiligen aufgenommen wurden, die dann natürlich als Schutzpatrone sehr beliebt wurden.

In dem mittelrheinischen Urkundenbuch von Beyer und Eltester findet sich eine sehr interessante Zusammenstellung aller in den abgedruckten Urkunden bis zum Jahr 1169 vorkommender fränkischer Personennamen. Aus diesem Verzeichniß können wir einen Einblick gewinnen in den Bildungsreichthum der älteren deutschen Sprache, in die unglaubliche Fülle, Selbstständigkeit und Poesie der Namenbildung. So finden sich beispielsweise nicht weniger als 36 verschiedene Zusammensetzungen mit „Abel" aufgeführt, eine Zahl, die sich mehr als verdoppelt, wenn man die verschiedenen Formen ein und desselben Namens als verschiedene Namen fassen will. So kommt Abelbert in folgenden Variationen vor: Abelbert, Albert, Altbert, Obreth, Odelbert, Otbrot, Atbert, Abbrat, Abbertana. Wir sehen auch, daß bis Ende des 12. Jahrh. die echt deutschen Namen bei weitem vorherrschten, während biblische und Heiligennamen viel seltener und in ganz beschränkter Zahl vorkamen.

Wir wählen hier jedoch nur solche aus, die als Familiennamen besonders verbreitet sind.

Die ältesten deutschen Personennamen sind ohne Frage die, welche noch deutlich mit dem Heidenthum zusammenhängen, die also vor allem an die alten Götter sich anlehnen: Thorwald waltend wie Thor, der Donnergott. Asen hießen die Götter, daher Anselm (Asenhelm), Ansgar oder Oskar (Asenger), Answald oder Oswald (waltend wie die Asen). In Skandinavien haben sich derartige Namen mehr erhalten als in Deutschland.

Auf Wodans oder Odins Schulter saß der heilige Rabe als Symbol seiner Weisheit, der altwerdende, kluge Vogel, der ihm alle Geheimnisse der Welt ins Ohr flüsterte, zu seinen Füßen stand der heilige Wolf, als Zeichen seiner Macht; nach diesen Thieren nannten sich gern die Deutschen: Wallraf oder Wallram (waltender

Rabe) Wolfram (Wolfrabe) Bertram (prächtiger Rabe); Ruodolf eigentl. Ruob=wolf Ruhmeswolf (ruodr Ruhm); Wolfhard, Wolfeshart, abgk. Wolfert, Wulfert, Wohlfahrt (irrthümlich so geschrieben, als käme es von wohl und fahrt); Munbolf (schützender Wolf; mund heißt Schutz, wie in Vormund, mündig ꝛc.) abgk. zu Monz, Munz, Münzel, auch Monzingen hängt damit zusammen.

Auch mit den andern starken Thieren, die sie jagten, verglichen sich die alten Deutschen: Bernhard (Bärenhart) abgk. Behrend, Behrends, Betz.

Anm. Es sei gleich hier bemerkt, daß diese Abkürzung auf tz sehr häufig ist: man sprach die erste Silbe, und warf alles übrige weg, indem man dafür z setzte; dies geschah in solchem Umfange, daß fast alle kürzern Familiennamen auf z und tz, die uns zu begegnen pflegen, als Abkürzungen älterer deutscher Namen zu betrachten sind.

Leonhard (löwenhart) abgk. Lehnert, Lehnbertz, Lenz (Lentz), Lentze, Lentzen ꝛc.; Eberhard (eberhart) abgk. Eberts, Ebert, Evers, Eversmann. Diese Anhängung von mann an die Namen ist Ausdruck der Zärtlichkeit und Liebkosung, und findet sich oft; wie man ja noch oft Kinder „Karlemann" rufen hört, und wir es überhaupt lieben „Männche" unsere Bekannten anzureden. — Eberts ist zugleich auch Abkürzung von Egbert, Elbert, Ekbrecht; dies bedeutet prächtig, leuchtend wie Schwertschneide. Denn Ecke ist jede Kante, besonders aber die Schwertschneide, so auch in Ekhard, Ekkeharb, Eckart, Eginhart, Einhart, Egert, (hart wie Schwertschneide).

Und damit sind wir auf die kriegerischen Namen gekommen. An Waffen erinnern uns: Gerhard (Ger ist bekanntlich der Speer, Spieß der Germanen, wie man ja auch Germanen als Ger=Mann zu deuten pflegt) abgk. Gertz, Görtz. — Ruodeger oder Rüdeger abgk. Rüger, Rieger (Ruhmspeer) — Gerlach (der über den Ger lacht, seine Freude daran hat.)

Bei Ger werden wir auch sofort an den Frauennamen Gertraud erinnert, der also bedeutet: Speerestraut. Es ist merkwürdig, daß die alten Germanen den Frauen verhältnißmäßig selten zärtliche

Namen beilegten, wie Holbelind, Himmeltraub, Engeltraub, Engelgard, Engelreda (beredt wie ein Engel), Engelswinda (Engelgeschwind), Trutlinde; sondern viel häufiger solche voll Waffengetön, Schlachtenlärm und Jagdruf. Es erinnert dies unwillkürlich an die Erzählungen, wie ihnen die Frauen in die Schlacht folgten, und sie von der Wagenburg aus zum Kampf anfeuerten. So kommt Gunde in Hilbegunde, Kunigunde nicht von Gunst, sondern heißt Kampf, und hilde nicht von hold, sondern heißt wiederum Kampf. Mathilde, Mechtilde ist nicht holdes Mägdlein, sondern Schlachtenmächtige, Brunhilde heißt Panzerkampf, Chrimhilde Helmkampf. Darin könnte man unsere Vorfahren den umgekehrten Körner nennen. Will der anschaulich machen, wie lieb ihm seine Waffen sind, so weiß er nichts Besseres und Schöneres als das Schwert seine Eisenbraut zu nennen:

„Ja gutes Schwert, frei bin ich,
„Und liebe dich herzinnig,
„Als wärst du mir getraut
„Als meine liebe Braut."

Wollten aber unsere Vorfahren recht anschaulich machen, wie lieb ihnen ihre Frauen wären, so mußten sie nichts Besseres und Schöneres, als sie mit ihren Waffen zu vergleichen. Darin liegt ein gut Stück ihrer Charakteristik und man könnte das noch weiter ausspinnen. Das geht hier nicht, denn wir müssen uns nach andern kriegerischen Namen zuwenden.

Hildebrand oder Hildebrecht Kampfesprächtig. — Wig oder weig ist auch ein altes Wort für Kampf, wir haben davon: Wigand und Wigmann Kriegsmann, Weygolb eigentl. Weig-walt, abgk. Weigel, Wiegel Kampfeswaltender; — Ludwig: (lut laut, dessen Name laut genannt wird, berühmt, also kampfberühmt) abgk. Luz, Loz, Luze, Loze, Louis franz, rc. — Walther Heereswaltender franz. Panthier, Gauthier, Gottier; — Wernher der dem Heere wehrt, abgk. Wernz, und daraus wieder Wirtz (Würzburg=Wernersburg) Werfried abgk. Wehrfritz der dem Frieden wehrt, der am Frieden keine Freude hat. Daſſelbe, nur umgekehrt, liegt in Gunblach, der des Kampfes lacht, kampfsfreudig. Gunther oder Günther Kampfsheer, abgk. Gunz.

Das Ziel des Kampfes ist Sieg und Friede; dies liegt in Siegfried, später Seyfried, Seyffert, Seiß, mit lateiniſcher Endung Sißius; — Siegbrecht, Siegbert, abgk. Seybert, Siebert, Siegprächtig; — Siegbold Siegeskühn (bold kühn wie im Engliſchen, und wie in Trunkenbold) dav. Sebald, Sebolb, Sibolt, Seibel, Siebel, Sybel; — bold kommt auch einfach vor in den Namen: Balde — Bolb; — ferner in Liutpolt Leutkühner abgk. Lippold, Leypold. (Leute iſt nicht ein Ausdruck für alle Menſchen, ſondern bedeutet urſprünglich nur das wehrhafte Gefolge der Edeln, die Dienſtmannen, wie man noch jetzt vorzugsweiſe das Geſinde „die Leute" zu nennen pflegt, deshalb Liutpold wer unter dem Gefolge ſich durch Kühnheit auszeichnet.) — Leobold Löwenkühner; — Waßmuth, Wachsmuth, ſcharfen Muthes, (wabs altſächſiſch, iſt noch in „wetzen" vorhanden); — Burchard, feſt wie eine Burg; — Tilmann, kühner Mann, auch einfach Thilo, Till, Tilly, Tils; — Hermann, Heeresmann, abgk. Hermes, Harms, Manes, zärtlich: Mannesmann. — Lothar oder Luther laut im Heer, heerberühmt, wie Ludwig abgk. in Lutz, Loß.

Es iſt wohlthuend, nach all den kriegeriſchen Namen nun auch einzelne zu hören, aus denen Friedensliebe herausſieht, wie Friederich abgk. Fritz, Fritſch, Fritſche, Frick; — Arnold, eigtl. Arnewalt, Erndteverwaltender, abgk. Ahrend, Arends, Arndt, Arnz ꝛc.; und Gottesliebe, wie: Gottfried abgk. Götz — Gottlieb — Gotthold — Adelgoz (Adel Gottes) — Hingott (hin zu Gott, wie altd. hin heim nach Hauſe) — Gozman, Goßmann, Koßmann: (Gottesmann).

Außer Jagd, Krieg, Frieden, ſind es beſonders noch vier Güter, die in deutſchen Namen wiederklingen: Reichthum, Ehre, Weisheit, Liebe.

Reichthum: Od iſt das alte Wort für Beſitz und Grundeigenthum, das Wort Adel ſtammt daher, und iſt demnach nur ſoviel als Grundbesitz. Von Od kommt Otto, abgk. Ott, der Besitzende; Ottmar Besitzberühmt; Uodalrich am Besitz reich abgk. Ulrich — Ullmann — Utz — Utsch; — Eurich, eigtl. Eutrich, Eobrich (an Besitz reich) — Adelbrecht, Adelbert, Albert, an Besitz prächtig; — Gebhard im Geben beharrlich; — Richard, Reichard festen Reichthums, dav. Reichert, Reicher, Richarz, Reicherz; — Heinrich oder Heimerich an Heimen, d. h. an Dörfern reich. Die Beliebtheit dieses Namens ist ersichtlich aus den vielen Verdrehungen: Henrich, Heinrich, Hein, Heine, Heinse, Heintz, Hinz, Hintzmann, niederd. Hendrich, Hendrikes, Drikes, ohne "d": Henrikes, Rikes, mit lat. Endung Rixius. Ja durch eine seltsame Verknüpfung hat dieser Name den Ruhm, einem Welttheil den Namen gegeben zu haben. Denn Amerika heißt bekanntlich so nach dem italicnischen Geographen Amerigo, der das neu entdeckte zuerst beschrieb. Dies aber ist abgk. aus Aimerigo, wie die Italiener das deutsche "Heimerich" aussprachen. Wer sieht es heutzutage dem Namen "Heinz" an, daß er dasselbe ist, was Amerika?

Ehre. Brechtwald Prächtigwaltend, ebenfalls sehr beliebt denn wir haben u. a. daraus folgende Formen: Bertholb, Berthel, Bartholb, Barthel, Barz, Bechthold, Bechtel, Belz, Brechthold, Brechtel, Brecht, Bretz — Ruodprecht, Ruprecht, Ruppert, Robert (Ruhmprächtig); — Ruoderich, Roderich Robrigo (Ruhmreich); — Landprecht Landprächtig, dav. Lamprecht, Lambert, Lempert, Lempertz; — Liutbrecht Leutprächtig, Lippert, Lüps; — Volkbrecht Volkprächtig, Volbert, Fulbert, Folz; — Wallbot waltender Bote: Bote ist der vom Kaiser gesandte Richter, Sendbote; — Volkhart, Volkert, Vollharb, (im Volk tapfer;) — Volkmar, Vollmar im Volk berühmt. — Ein anderes Wort für Volk ist diet, gothisch thiuda, davon Theoberich oder Dieterich, an Unterthanen reich, abgk. Dietz Dietsch, Dietzmann, Dötsch, Deutschmann, auch Tietemann.

Anm. Von diet, diut (sprich: düt) kommt auch diutisch (deutsch), grade wie Mensch (d. h. männisch) von

Mann, kindisch von Kind. Deutsch ist also „volksthümlich", deutsche Sprache die Volkssprache, im Gegensatz zur lateinischen, Deutschland das Land, wo deutsch geredet wird, so daß Arndts Lied auch sprachlich betrachtet, vollste Wahrheit hat, wenn die Grenzen Deutschlands genannt sind „soweit die deutsche Zunge klingt."

Hartmann tapfrer Mann; Ehrhard ehrenhart; — Erich an Ehren reich; Schönhard an Schöne, Schönheit fest; — Engelhard, Engelbert, Engelmann, Engelsmann hart, prächtig, ein Mann wie ein Engel.

Weisheit: Hugen heißt denken, davon Hugo der Denkende, Hug, Haug; Hugbert, Hubert denkprächtig; — ragins, rains ist der Rath, daher Reginhard, Reinhard, Reineke Rienhard, Name des Fuchses in der Fabel; an Rath hart, der stets Rath weiß, abgk. in Reinz, Renz; — Reginmar oder Reimar, Reimer, Rath= berühmt; — Reginwalt, Reinewald, Reinhold, Reinolb: Rath= waltender. — Kuonrat kühnrathend Conrad, Kunz, Kuntzen, Conz, Conze, Künzel, einfache Form: Kuone, Kuno, Kuhn, Kühn. Eine trauliche Anrede, um Ehrwürdigkeit oder Weisheit zu bezeichnen, ist auch Atta Vater, in andere Form Hatto, verkleinert zu Attila, Etzel, Hettel, Hezzel (da das zz wie ß auszusprechen ist, so ist vielleicht dies dasselbe wie Hessel). Im Kloster Prüm kommt 1115 ein Canonicus Hezzel vor.

Liebe: Wein oder Win heißt Freund, und zwar eine ganz bestimmte Art von Freundschaft, nämlich das, was wir auch „Schatz" nennen. Es ist von demselben Wortstamm wie unser „Wonne". Davon gebildet sind: Balbewin oder Balduin franz. Baubouin küh= ner Schatz, dieselbe Bedeutung hat Hartwein; Winand ist Schatz, und dann der liebliche Name: Trautwein, traute Wonne, trautes Lieb, oder auch einfach: Träutel, (Liebchen)' und Schätzel. Mit diesem win oder wein finden sich eine Masse anderer altdeutschen Namen gebildet, z. B. Winelind, Wintraut, Winfried, Alwin (Abel= wein) Siegwin.

Von fremden Namen finden sich bei altdeutschen besonders

Wenzel, Wetzel, slavisch, eigtl. Wenzeslaus, Ruhmgekrönter; ferner Wendel ein Wende.

Was nun die mit dem Christenthum gekommenen Namen betrifft, so scheinen unmittelbar aus der Bibel nur die Namen solcher Personen gewählt zu sein, die auch als Heilige besondere Verehrung genossen, so vor allem die Apostel, die Evangelisten, Johannes der Täufer, Stefan der erste Märtyrer, Adam, ꝛc. Sonstige bibl. Namen, besonders auch aus dem A. Test. scheinen erst durch Vermittlung von Heiligen, die so hießen, verbreitet worden zu sein.

Apostelmannen sind: Peter, Peters, Petri, Petermann, Peemanns; — Andreas, Andreä, Andree, Endres, Enders, Threß. — Jacobi, Jacobs, verkleinert Köpke. — Johannes in endlosen Variationen, bald verschwindet die erste, bald die zweite Hälfte des Namens: John, Jahn, Jansohn, Jansen, Johäntgen, Jensch, Jänisch, Janke, Hannes, Hans, Hennes, Henß, Hönes(?) Hanzo, Hensen, Henzen, Hanke, Henke, schweizerisch Nanz, Nenzel, Jenny, Nänny; auch Hannemann, Hahnemann, Hamann. — Philipp, Lips. — Bartholomäus, Bartels, Barz. — Thomas, Thoma, Thomä. — Matthäus, Matthäi, Matthes, Matz. — Simon. — Matthias, Matthiä. — Lucas, Lux. — Marcus, Marx. —

Hervorragende Heilige: Clemens. — Nicolaus, Claus, Clas, Clausen, Nicholl, Nickel. — Stephan, Steffen. — Georg, George, Jürg, Jürgens. — Martinus, Martini, Mertens. — Antonius, Antoni, Anthes, Tönnes, Tönsmann. — Valentin, Velten. — Vitus, Wieth, Veit, ital. Guido franz. Guy — Laurentius, Lorenz, Lauer. — Justinus, Jost, Jösten, Stinnes.

Andere Heilige: Domibian. — Sixtus, Six — Gabriel, Geibel, Geib — Hiob, Jobs — Hippolyt: Hipp, Hippel. — Remigius, Remy — Donatus, Donné, — Servatius, Serf. — Cyprianus: Zipper. — Aegidius franz. Gilles, Giloy. —

Zur Unterscheidung gleichnamiger finden sich oft Zusätze, die auch Familienname wurden: Kleinhans — Kleinpaul — Langnickel. (Lange Nicolaus) — Rotherjan (Rother Johann) — Hampel, Hempel abgl. aus Hampeter b. h. Johann Peter.

III.

Die dritte Gruppe von Familiennamen ist die, wo das Amt oder Gewerbe zum Namen geworden ist. Es sind diejenigen Namen, in denen am wenigsten Eigenthümliches und Besonderes vorhanden ist, höchstens sofern manche ältere und provinzielle Benennungen für Gewerbe in ihnen sich vorfinden. Abgesehen also davon, sind es meistens sehr nichtssagende Namen, schon deshalb, weil es allerorten natürlich Müller, Schmiede, Schulze, Becker und Maurer gab, und indem diese als Familiennamen wie Pilze überall aufschossen, sind sie sehr wenig dazu tauglich, das Geschlecht, d. h. den Familienzusammenhang erkennen zu lassen. Es ist rein zufällig, wenn zwei Müllere miteinander verwandt sind, oder zwei Meier. Auf diese Art sind die meisten Namen derart so verschliffen, daß sie fast gar keine Namen mehr sind. Ich führe nur die an, bei denen irgend etwas besonders zu bemerken ist.

Ostiarius (Pförtner) wird schon im Jahr 839 halb wie ein Familienname in einer fränkischen Urkunde gebraucht. Daraus ist möglicherweise Oster verderbt, vielleicht auch Ost. Ebenso ist Marquard (Mark-wart Grenzhüter) ein altd. Wort, und Triquart scheint nichts anderes zu sein, als Trink-wart, Mundschenk.

Kirchliche und städtische Aemter sind: Pfaff, Babe, Pape, Pfarrius — Eltester — Presber, (Presbyter) — Leymann (Laie) — Glöckner, Glöck, Klöck, Oppermann, Offermann (niederd. anstatt) Küster, Kirchner. — Schulz, Schulte ꝛc. in verschiedenen Schreibarten, Schöpp, Schreiber, Oberst, Wachter, Vogt oder Faut, Vaut

Landleute: Bauer, lateinisch Agricola, ältere Form: Baumann, Ackermann, Uber, Upmann (uben oder üben wie das latein. paterna rura bubus exercet suis ist pflügen), Gebauer, Zehender (wer den Zehenten zu geben verpflichtet ist.) Meier (Pächter) mit unterscheidenden Zusätzen, wie Filzmeier, Ziegelmeier ꝛc. Göther, Köth (Köthe niederb. kleines Bauernhaus für halbfreie Bauern, die Kötter, Kotsasse ꝛc. heißen).

Gewerbtreibende: Macher, abgk. Mack (der etwas macht) — Binder, Bender (der etwas bindet, z. B. Fässer oder Bücher) — Becker abgk. Beck, Bäcker, auch latein. Pistor Pfister. — Metzer abgk. Metz, Metzler Metzger (von metzen, b. h. schneiden); — Kaufmann, Krämer, Cramer, Weinkauf, Baumkauf; — Schneider, früher Schröder oder Schrader (von schroten schneiden) — Waidmann, Jäger, Förster; — Weitzner (Tüncher). — Schnitzler, Wagner, Wegeler. — Müller, oberb. Miller, niederb. Möller, mhd. Mülner, Milner. — Weber, Wewers, Webner. — Keßler (Kesselschmied). — Köhler oder Kohlmann. — Kämmerer, Knecht, Kärcher, Schäuffler. — Wirth, Weinmann, Biermann, Lauermann (Lauer=Tresterwein) Brenner, Herberg, Keller (eigtl. Kellerer, b. h. Kellner). — Oehler übb. = Seifensieder, ebenso Oehlmann. — Klauer (Schiffskalfaterer). — Gulbner Goldwäscher, verschieden von Goldschmidt — Leister der Schusterleisten macht. — Hölscher der Holzschuhe (niederb. Holsche, Holske) macht. — Bäber, Scherer (Barbier) ebenso Stüber, Stöver, Stöber, der eine Barbier- und Badstube hält. — Nebelmann Nadelmacher. — Bogener Schießbogenmacher. — Spillner und Spindler Drechsler. — Scheiber Scheibler Salzfuhrmann (das Salz war früher in Scheiben). — Plattner der Draht plättet. — Hirschner der mit Hirschen zu thun hat, vielleicht Wildhüter, wie Falkner, der die Jagdfalken abrichtete. — Trummer Trommler. — Kretzer der Wolle kratzt, Wollarbeiter.

Eigenthümlich ist, daß die vielen Benennungen für geflochtene und gebundene Gefäße meistens dem Lateinischen entnommen sind, und daß kein gemeinsamer Name für Verfertiger von solchen Geräthen existirt, sondern ebensoviele Geschäftsnamen als Gefäße da sind. So heißt Zäune ein Weidenkorb, davon Zäuner — von Korb, lat. corbis: Körwer, Körper — Gräbe ist eine Art Korb, dav. Gräber, Kröber — Kaue, lat. cavea ein geflochtener Käfig, Hühnerkorb, dav. Kauer, Kaurer, Kauert — Faß lat. vas, dav. Feßner, Fesseler, Faßbender — Kupe, lat. cupa, oder auch Kufe, Kiepe, dav. Küfer, Kiefer, Kiepert Küppers — Stande Ständer, niederd. Stange, dav. Stanger. —

IV.

Als vierte Gruppe stellten wir die Namen auf, wo ein Beiname Geschlechtsname geworden ist. Solche Beinamen bezeichnen zunächst eine Eigenschaft, die den Einzelnen oder seiner ganzen Familie eigenthümlich ist (Familienfehler).

So haben wir denn als körperliche Eigenschaften: Klein — Groß — Kurz — Lang — Lange — Langer — Alt — Jung — Groskopf — Langbein — Hoch — Feist — Dürr — Paus — Schmahl — Luller (Stammler) — Stumm — Weiß, Weiße (niederd. Witt, Witte, Wittmann) — Roth, Rother, Rothhaar — Göler — Grieser (grauer, Greis) — Grün — Braun — Schwarz, Mohr — Vaupel, soviel als valbel oder falbel, d. h. Blondel, Blonder. (Die Wandlung der Silbe al mit nachfolgenden Consonanten in au ist fränkisch, z. B. holländisch out = alt; ital. caldo in franz. chaud; falsch franz. faux; Salm frz. saumon, Salze frz. sauce, falb frz. fauve). All diese Farbennamen beziehen sich wie es scheint, nur auf Haut- oder Haarfarbe, denn grün bedeutet auch frisch, jung, und blau kommt meines Wissens als Name nicht vor. Großart (von großer Race) — Knipping (Knirps) — Kreibel (kreideweiß, crétin, albino) — Wendling (im Wachsthum zurückgebliebenes Kind) — Nörling (Nährling, Pflegekind) — Kurze, dicke Leute muß es stets sehr viel gegeben haben, denn wir treffen eine Reihe Namen, die ein kurz dick Stück Holz, ein „Knüppche" bebeuten, so Zoll (kurzer Knüppel, auch von so gebauten ober groben Leuten) — ähnlich **Knebel, Kloß, Knouben, Rummel,** (jeder kurze bicke Gegenstand, wie ja auch die Dickrüben Rummeln heißen) — **Trumm,** franz. tronc, ein kurzer bicker Stamm, ebenso **Stumpf — Bingel** oder **Bungel** kurze gebrungene Person. — **Kroll** (Krauskopf) — **Schregel** heißen nieberbsch. Leute mit sogen. Säbelbeinen, schrägen Beinen. — Ein **Gretsch** hieß, wer mit gespreizten Beinen geht, einherstolzirt umgekehrt, wer die Beine nicht aufhebt, sondern schlürft, war ein **Schlörb** oder **Schlör** (plattb. slören) — wer schlappig gekleibet, war ein **Schlamp** oder ein **Schumm.**

Mehr geistige Eigenschaften sind: **Willig — Scheu — Fröhlig — Traurich — Senft** (sanft) **— Strenge — Harsch** (hart und rauh, Wunden verharschen, wenn sich eine Kruste barüber bilbet) — **Ernst — Leis — Schwindt** (geschwind) — **Rösch** (rasch) — **Quack** (queck, lustig) — **Liep — Wohlleben — Schmuck — Kühl — Speh** (klug, spähend) — **Kraft — Stark — Schnödt — Lose, Loser — Frey — Freund — Klug — Graß** (gräßlich, unausstehlich) — **Boppel** (Püppchen, oberbeutsch, der also stets geschniegelt ist) — **Plager** (der die Leute plagt) — **Speuter** (der stets ausspuckt) — **Schnabel** (der viel schwätzt) — **Esser — Knicker** (geizig) — **Kipper** hießen im 16. Jahrh. die Leute, die die Goldmünzen kippten b. h. beschnitten, und bann jeder Gelbwucherer. — **Sacher** ist ein Prozesser, das Wort bezeichnet die eine von zwei prozessirenden Parteien, die andere hieß **Widersacher**, der Abvocat Sachwalter. — Heißt einer Meier und trägt oder hanbelt mit Brillen, gleich heißt er der **Brillmeier,** schießt oder hanbelt einer Namens Ritter mit Hasen, gleich heißt er der **Hasenritter.** Man sieht, Geklatsch scheint immer gewesen zu sein, benn von dieser Gruppe weisen mehr Namen auf böse Zungen hin, als auf liebevolle Lobredner.

Sehr nahe lag es ferner, eingewanderte Leute nach ihrem Heimathsort zu nennen, eine Benennung, die sehr oft als Geschlechtsname sich festsetzte.

Wenn ein Abliger sich „Herr von Sponheim" nannte, so war das nicht zu verwechseln, denn es gab viele Bauern von Sponheim, aber nur einen Herrn d. h. Besitzer von Sponheim. Ein Sponheimer Bauer aber konnte nicht leicht Sponheimer genannt werden, so lange er da wohnte, wohl aber, wenn er anderswohin zog. Dann fiel es auf, daß er aus Sponheim sei, und er hieß sofort der Sponheimer oder kurzweg: der Sponheim. Von dieser Art sind nun eine große Anzahl Namen. Um sie als ursprüngliche Ortsnamen zu erkennen, müssen wir die gebräuchlichsten Arten kurz durchgehen, wie in Deutschland die Ortsnamen gebildet wurden. Man faßte die Ortschaft entweder

1) als Häusercomplex, oder
2) als Aeckercomplex,

man benannte sie ferner

3) nach der Bodenbeschaffenheit, oder
4) nach der Bodengestalt, oder endlich benannte man die Orte
5) nach der Veranlassung ihrer Gründung.

Als Häusercomplex betrachtet hießen die Orte

Heim, davon FN: Heim, Heymer, Weinzheimer, Sponheimer, Ehlsheimer. Heim wird auch abgk. em und um, wie wir Rozheim auch aussprechen: Rozem, Rozum, FN: Recum, Machemer, Frauzem, Zeizem.

Haus Hausen, niederd. Huyssen FN: Häusser, Heusner, Anheuser (Anhausen Dorf bei Neuwied), Bruchhaus, Althausen, Neuhaus.

Hof, Hoven; es ist bezeichnend, daß diese Bildung in unserer Gegend nicht vorkommt, da eben die Dörfer aus Häusern bestehen, sehr selten aus Höfen.

Dorf: Plittersdorf, Polstorf.

Weiler: Trierweiler, Antweiler.

Sal, d. h. Ansieblung, Wohnung, im Worte Saal noch erhalten, so Salfeld, Selbach, Brüssel=Bruchsal, FN: Sahler.

Stadt, Burg, FN: Burger ⁊c. Es muß noch bemerkt werden, daß die sehr häufig vorkommende Endung en in deutschen Ländernamen und Ortsnamen der Dativ der Mehrzahl ist, so daß man so ziemlich von allen FN auf en annehmen kann, daß es ursprünglich Ortsnamen sind, so z. B. in Lossen, Hangen, Ewen, Bliessen, Orben, Laun.

Als Aeckercomplex angesehen, heißen die Orte Mark (Gemark), Feld, Au, Scheidt (Schied, Schab, d. h. wo die Flur sich scheidet, wie Gewann wo die Flur sich wendet). FN: Scheidt, Derscheidt, Espenschieb, — Königsfeld, Feld, Lautenfeld, Stockfeld — Au, Finkenauer, Wallauer, auf pommerisch ow: Grabow.

Nach der Bodenbeschaffenheit: Ist der Boden waldig, so heißt es: Holzbach, Buchholz ⁊c. ober lo (d. h. Wald): Gütersloh, Waterloo, Langenlonsheim FN. Laun; oder nach den herrschenden Bäumen: Böllen, Ellern — Buchen — Esch — Birkenfeld — Linden, Lindenborn — Eich, Eyken — Ibach (d. h. Ibenbach) — Kirschbaum — Tann, dav. Danner.

Ist der Wald urbar gemacht, gerodet, so heißt das Dorf Rod, Roth, Roben, Rothen, Reuth, Rheydt mit allen möglichen Vocalen, so sind auch eine große Anzahl FN: Roth, Rabe, Rieb, Rieth, Reuth, schweizerisch Rütli und Rüti, oberdeutsch Riebel — Eckenroth, Piroth, Clüsserath, Blumenröber, Womrath, Foreit, Rütenick ist das umgekehrte Eckenroth. — Röber, Rother, Reuther ist entweder einer, der aus Roth ist, oder, wie Rittmann und Rottmann, einer der robet.

Sumpfiger Boben heißt Broich, Bruch, so unzählige Namen am Niederrhein; da bei uns keine solche Niederungen sind, so fehlen uns derartige Ortsnamen und FN, nur: Bruchhaus und Prieger.

Hag oder Hecken ist Gesträuch: FN: Hag, Hackhausen, Heyer, Scherhag, Hager, Hagen.

Zusammengez. niederd. zu ha-en, haan, han, so Ortschaft: Haan. In Düsseldorf heißt eine Straße, die außerhalb der Stadt liegt: Wehrhan d. h. Wehrhagen, Wehrhecke, eine Hecke, die zur Wehr oft offene Städte umzog, sonst „Landwehr" genannt. Als FN. kommt vor: Wildenhahn, Gräfenhan, letzteres der Ortsname 's Grafenhage, meist „der Haag" in Holland. Hier: Pitthan, d. h. Petershagen (Ort an der Weser) und de Haen d. h. der Haag.

Busch heißen kleine Waldstrecken, Gehölz, FN: Busch, Bösken, auch Buß, Dreybuß.

Horst ist Gestrüpp: Gravenhorst.

Hardt ist waldige Anhöhe, so viele Orte, als FN: Herber, Herter.

Kamp ist ein umzäuntes Ackerstück in Westfalen. So dort viele Namen, wie Camphausen ꝛc. bei uns erinnert nur Kempf daran.

Die Bodengestalt bestimmt sodann oft den Namen der Orte:

Thal, Doll, Dalgauer — niederb. heißt Siepen oder Seifen ein Thal, so dort viele Namen: Siepen, Müllenstesen. Schöneseifen ꝛc. auch Siever.

Orte, die von Bergen oder Wald umschlossen sind, heißen Eck oder Winkel, so: Eckweiler, Winkel, Bowinkel ꝛc. FN. Winkler, Waldecker.

Buhl, Bühl, Bügel hängt zusammen mit Buckel und ist eine kleine Anhöhe, so hier auch Name einer so gelegenen Flur. FN: Buhl, Böhler, Bichl, Bühl, Bügler, Varnbüler.

Dros, Dröse, unser Drüse und Druse ist jede Anschwellung, danach viele Orte, z. B. Treis a. d. Mosel, Dreesen am Niederrhein, Trois am Rhein, Droste in Westfalen, Traisen bei Creuznach, FN: Dreesen, Dressing, wohl auch Threß.

Orte auf und an Bergen heißen Berg, Stromberg ꝛc. FN: Berger, Lichtenberger, Gutenberger, Westenberger, Schallenberger, Mayberger, Blumberger.

An einem Bach, niederd. Beck liegende Orte hießen: Erbach, Donsbach, Fischbach, Forbach, Bollenbach, Weilbächer, Gulbenbecher, Holzbacher, Bosenbeck, Brobeck.

An einer Brücke: Brück, Bingerbrück.

An einem Brunnen: Born, Fischborn, niederd. Pütz, das franz. puits.

Aeltere Bezeichnungen für Wasser: Woog ist ein Weiher; aa und ach, so viele Orte in Hessen, Thüringen und im Harz: Riesa, Roda, Hoya, davon FN. Hoyer, auch jedenfalls Frera, das wohl zusammengezogen ist aus Frerichsa, d. h. Friedrichs=aa, (oder am Ende gar aus Freyr-a Wasser des alten Gottes Freyr?).

Endlich verdanken Orte ihren Namen oft Heiligthümern, Capellen ꝛc., um die herum sie entstanden, so Creuznach selber, Münster, Capellen, verkürzt in Kappel, all die Orte auf Kirch: Altenkirch, Neukirch, die mit einem Heiligennamen zusammenhängenden: Roxheim, (Rochusheim) Hilbersheim (Hiltebrechtsheim) und die mit Sanct: St. Wendel, St. Goar; auch Clüsserath (Roth an der Clause, Einsiedelei).

Schwierig ist zu erklären, was die besonders im allemannischen Dialekt häufige Endung ingen, ungen, lingen bedeutet. Dies zu untersuchen, würde uns hier zu weit führen, ich begnüge mich, zu bemerken, daß es sich wahrscheinlich auf die Gründer oder Besitzer des Dorfes bezieht, wie Monzingen: gegründet von Monz oder Eigenthum des Monz, Reiningen gegründet von Regins (Rein) oder Eigenthum desselben und erwähne die Namen: Gottung, Gattung, Deung, Möhring, Haßlinger, Rüblinger, Geißlinger, Reininger, Oberlinger.

Endlich gibt es natürlich auch manche Ortsnamen ganz ohne Endung, an solche erinnern z. B. die FN: Rees, Hees ꝛc.

Wanderten Leute von weiterher ein, so interessirte nicht mehr der Name des Heimathsortes, sondern man nannte sie kurz nach dem Volksstamm oder Volk, dem sie angehörten, so: Rhein — Donau — Mosel, Mosler — Schwabe — Voigtländer — Märker — Fries — Heß, Hesse — Böhm, Böhmer — Evelbauer (Eifelbauer) — ferner Franzmann (Franzose) — Ungar, Unger, Ungerich — Schwedt — Wendt.

Als Beinamen kann man vielleicht auch die Namen betrachten, die einen Zeitabschnitt bezeichnen, wie Hörning (Hornung= Februar), März, Mai, Sommer, Herbst, Winter, Dag, Liebtag, Sonntag, Freitag, Feyerabend, Abend. Die Entstehungsart jedoch ist mir unklar, ob vielleicht die Thatsache, daß hier ein des Abends gefundenes Findelkind Abend genannt wurde, auf die richtige Spur leiten könnte? Ich lasse es ganz dahingestellt. Vielleicht können es auch Schilder gewesen sein, wie ja hier auch ein Wirthshaus heißt: Zu den Jahreszeiten.

V.

Als fünfte Gruppe wollten wir noch die Judennamen hinzufügen. Die meisten ließen sich, äußerlich angesehen, ganz gut unter die vier erwähnten Gruppen vertheilen, und in der That sind manche Judennamen, besonders in den Städten, ganz ebenso entstanden, wie die aufgezählten. Aber es ist außer denen eine große Anzahl da, die dennoch einen ganz andern Ursprung haben, der historisch noch genau nachweisbar ist. Sie sind bekanntlich die jüngsten und rühren in unserer Gegend meist aus der napoleonischen Zeit her, aus diesem Jahrhundert, denn vorher wurden die Juden nur bei Vornamen und mit Du angeredet. Als aber in der französischen Zeit neben den Kirchenbüchern auch Civilstandslisten angelegt wurden, da citirte man die Juden in Masse zum Maire, forderte sie auf, Namen anzunehmen, oder man vertheilte dieselben gradezu unter sie. So machen denn die meisten jüdischen Namen mehr den Eindruck von etwas rasch und willkürlich Gewordenem, als als von etwas historisch langsam Entstandenem. Sie sind nun entweder:

I. Die persönlichen, meist hebräischen Namen, wie Israel, Pineas, Gerson, Levy, Isak (Itzig) oder

II. Der Name des Vaters, was denn durch Sohn bezeichnet wurde: Jacobsohn, Mendelssohn, oder

III. Städte und Ländernamen: Wiesbaden, Würzburger, Coblenzer, Ahrweiler, Creizenach, Frank, Beyerle, Schlesinger, Sachs, oder

IV. von Abzeichen genommen, die sie früher tragen mußten: Rothschild, Schwarzschild, oder

V. willkürlich gebildete; in deren Wahl zeigt sich die Prachtliebe des jüdischen Volkes in hellem Lichte, denn aus allen Reichen der Natur werden kostbare Dinge gesucht, oft in ganz sonderbarer Zusammensetzung; aus dem Thierreich nur Hochwild: Bär — Löb — Wolf — Hirsch — Löwenthal — oder haute volée: Adler — Strauß, selten eigentlich Ochs; aus den Pflanzen: Veilchen, Lilien und Rosen; aus den Mineralen Gold, Silber, Rubinen, Diamanten; vom Himmel Morgenröthen, Sterne und Morgensterne.

Bei einigen Namen wäre es leicht möglich, daß sie aus dem hebräischen umgedeutscht sind. Nicht von den Besitzern der Namen, sondern von denen, die sie nicht verstanden und doch einen Sinn heraushören wollten. Diese Sitte, fremdklingende Wörter mundgerecht zu machen, ist ja bekannt, ich erinnere nur an Maulwurf, das eigentlich Moltwurf hieß, von molt Staub, Grund; als man später das Wort molt nicht mehr verstand, machte man Maul daraus. Für so umgedeutscht also möchte ich halten: Seligmann aus Salomo (Soliman) — Heymann aus Heyum — Löwensohn aus Levysohn, und überhaupt Löb aus Levy — Bienes aus Benjamin — Mauser aus Mausche (Moses), Mosenthal scheint auch mehr den Moses zu verrathen, als das Moos.

VI.

Es bleibt uns noch ein Rest von Namen, die nicht deutschen Ursprungs sind. Da wir von den Creuznacher Namen ausgingen, so könnte man eigentlich schon alle die zu den fremden Namen rechnen, die aus andern deutschen Gauen stammen, so die auf **Bruch**, **hof**, die mit der Endung **le**, welche niederdeutsch, die auf **le**, welche allemannisch, auf **ow**, welche pommerisch sind, aber dies wäre nur eine Wiederholung von bereits Gesagtem. Wohl aber müssen wir constatiren, daß *französische* Namen nicht selten bei uns sind. Zum Theil ist der Ursprung dorther noch aus jüngster Vergangenheit nachweisbar. Es sind besonders:

Penserot — **Fouquet** — **Soins** — **Bulls** — **Perard** — **Dupuis** von dem Brunnen, **Delasalle** von dem Saal, **Delavaud** von dem Thal, so gebildet wie deutsch von der. **Heydt** — **Maret** Sümpfchen, wohl Ortsname, wie bei Bonn ein Dorf Pützchen heißt. — **Flory** ist Florian, **Huy** (Name einer Stadt an der Maas) **Guillot** Wilhelmchen.

Polnisches finden wir mehrfach: **Lisky**, **Mackowitzky**, **Ragutzky**, **Mecky** ꝛc.

Auch Italienisches: **Giubice** (Richter) — **Pizzala** (ein kleiner Kuchen) — **Guido** (Veit) **Quatro** (viereckig) — **Majolo** — **de Lorenzi**.

Spanisch ist: **Balenzia** (wohl die Stadt Valencia) — **Alonso** (Alfons, eigentlich ein deutsch-gothischer Vorname).

Auch **Ackva**, der Name einer aus Frankreich eingewanderten, im Nahethal sehr verbreiteten Hugenottenfamilie, stammt aus einer romanischen Sprache. Es ist jedenfalls ein Ortsname aus Frankreich, der Wasser oder Brunnen bedeutet, ähnlich wie Aix, Aachen, Afen ꝛc. Der doppelte K-Laut, der sich wohl im italienischen acqua, nicht aber im lateinischen aqua findet, zeigt schon, daß der Name

Acva nicht unmittelbar aus dem Lateinischen kommt. Kv statt qu
zu schreiben, war früher sehr gewöhnlich, im Holländ. noch heute.

Am meisten finden sich natürlich fremde Namen in Handels-
städten, besonders lombardische an den uralten Handelswegen, deren
einer über Augsburg, Nürnberg, Frankfurt ging, ein anderer am Rhein
entlang nach Holland. Französische Namen kommen mehr im west-
lichen, Skandinavische im nördlichen, slavische im östlichen
Deutschland vor, holländische am Niederrhein. Ein solcher Aus-
tausch ist ja in Grenzgebieten unvermeidlich.

Aber wo bleibt denn bei so vielem Fremden das Eigene?
müssen wir uns fragen. Es hieß beständig: das ist eigentlich nie-
derrheinisch, holländisch, französisch, allemannisch, westfälisch 2c., aber
nie: das ist altnahelandisch, oder altpfälzisch. Ja, das ist es ja
grade: es ist auch nichts Altpfälzisches da! Grade auch aus der
Betrachtung der bei uns vorkommenden Namen ergibt es sich, wie
treffend Riehl in seinem berühmten Buche „die Pfälzer" unsern
Landstrich charakterisirt hat, wenn er dort zu dem Resultate kommt:
Der Charakter der Pfalz sei vor allem der, daß sie keinen bestimmt
ausgeprägten Charakter habe. Denn der etwa da war, sei dadurch
verwischt worden, daß dies Land seit Jahrhunderten, ja fast seit es
eine Cultur habe, die ewige Heerstraße gewesen sei und der ewige
Kriegsschauplatz. Deshalb sei hier durchaus moderner Boden,
fast ohne jede nachweisbare stätige alte Tradition, woran andere
deutsche Gaue so reich sind. Dies auf die Namen angewandt, können wir in der That nur sehr wenige finden, die ein irgendwie
eigenthümliches Gepräge hätten, denen man es ansähe, daß sie auf
unserer Erde gewachsen seien. Dazu können wir höchstens die
wenigen Namen rechnen, die an Orte unserer Heimath erinnern, wie
Weinzheimer, Gutenberger, Sponheimer, und die sind,
wie wir sahen, spät entstanden. Die allermeisten weisen durch ihre
Form auf andere Gaue als auf ihre Heimath hin.

So sind unsere Namen ein echtes Stück verwischter, moderner
rheinisch-pfälzischer Cultur. Und da Riehl in dem erwähnten

Buche so vortrefflich nachweist, daß die Pfalz ein Typus deutscher Cultur überhaupt sei, wie ich hier nicht näher ausführen kann, was ich aber Jeden zu lesen bitte, der sich für die Kenntniß unserer Heimath interessirt, so sind die Namen grade unserer Gegend vortrefflich geeignet, daran die deutschen Familiennamen überhaupt zu betrachten und zu classifiziren. Und so liegt denn in unsern Familiennamen auch ein gut Stück deutscher Culturgeschichte. Nicht freilich sind sie das Spiegelbild einer so einfachen Cultur, wie bei den eingangs erwähnten Völkern, sondern in ihrer Buntheit und Vielgestaltigkeit, in ihrem krausen Durcheinander spiegeln sie die Buntheit und die vielverschlungenen Kreise unserer jetzigen Cultur wieder, die ja nicht eine rein selbstständige ist, sondern geborgt und entlehnt von aller Welt her, zusammengetragenes Gutes und Schlechtes aus allen Theilen der Erde, aus allen Stadien menschlicher Entwicklung. Wie viel Mühe und Schweiß, Kämpfe mit eisernen und geistigen Waffen geführt, hat es gekostet, bis diese Namen so friedlich neben einander stehen konnten. Denn das allmählige Ausbreiten der Geschlechtsnamen über Abel, dann über Bürger, dann über Bauern und Juden ging ja Hand in Hand und war erst möglich mit der Ausbreitung der persönlichen Freiheit über diese Stände. Die Namen sind nur der Ausdruck dieser persönlichen Freiheit, so daß die Thatsache, daß alle Teutschen einen Geschlechtsnamen führen, nicht mehr und weniger bedeutet, als die Aufhebung besonderer Standesvorrechte, die „Gleichheit aller vor dem Gesetz", das „Staatsbürgerthum". Die Allgemeinheit der Geschlechtsnamen ist thatsächliche Aufhebung des Adels.

Und ebenso wie die übereinander gelagerten Schichten des Gesteins dem Naturkundigen die Geschichte der Erde erzählen, von der jede Epoche der Reihe nach ihre Spuren zurückgelassen hat, so verräth auch schon der bloße Klang und die Form unserer Namen dem Kundigen, was für Umwälzungen über dies unser Volk ergangen sind, denn deren jede hat eine Schicht von Namen abgelagert.

Völker verrauschen,
Namen verklingen,
Finstere Vergessenheit
Breitet die dunkelnachtenden Schwingen
Ueber ganzen Geschlechtern aus:

Dies Wort Schillers hat ja viel Wahrheit, aber wenn wir es nun einmal ganz wörtlich fassen, — es dauert doch sehr, sehr lange, bis Namen ganz und gar verklungen sind, manche werden sicher nie verklingen, so lange Menschen leben: denn die Namen verhalten sich zu den Thaten der Menschen wie die Knochen zum Körper, sie widerstehen am längsten der Verwesung, und wo alle geschichtliche Kunde schweigt, da bringt oft noch der Klang eines Namens Licht in das Dunkel, wie vor allem die Wissenschaft der vergleichenden Sprachforschung so glänzend beweist. Wie die Versteinerungen und Gehäuse urweltlicher Thiere, so auch sind die Namen Trümmer längst vergangener Zeiten, Hülle, woraus der Geist entflohen, den aber die denkende Betrachtung für eine Weile wieder hineinzubannen vermag. Darum haben die Namen jene Ehrwürdigkeit, welche all den Dingen anhaftet, die durch die Wogen und Stürme weiter Jahrhunderte hindurch sich gleichsam an den Strand unserer entlegenen Zeit gerettet haben. Freundliche Aufbewahrung und Schutz verdienen sie, nicht aber zwecklose Zerstörung. Oder ist es etwas anders, wenn z. B. die alten Namen von Straßen und Gassen in neumodische verwandelt werden? Warum soll es denn durchaus nicht kleine Kannengasse heißen, sondern Georgsstraße! warum nicht Judengasse, sondern Planigerstraße, warum nicht Säugasse, sondern Carlstraße 2c. Was soll das? Baufällige Häuser reißt man mit Recht ein, aber ist denn der Name Judengasse oder Säugasse baufällig? Beleidigt er den ästhetischen Sinn? Bringt er der guten Sitte Gefahr? Stiftet er Verwechselung? Ist er in unserem Dialect schwierig auszusprechen? Ist er aus dem Volksmund schon von selbst verschwunden? Mir ist nichts von alledem bekannt. Wohl aber, daß der Streit zwischen

Neuerung und altem Volksbewußtsein stete Verwirrung schafft, besonders bei der Zurechtweisung von Fremden, und daß Jeder herzlich lacht, wenn er ein Gäßchen, das seit Menschengedenken anders hieß, ein Gäßchen, worin drei Häuser stehen, stolz als Georgsstraße auftauchen sieht. Warum sich lossagen wollen von dem, was geworden und gewachsen ist in andern Jahrhunderten? Die wir jetzt leben, stehen in Allem auf den Schultern früherer Generationen in Anschauungen und Einrichtungen, warum also in unschuldigen Kleinigkeiten sich von der Vergangenheit losreißen? Es sind größere Dinge da, mitgeschleppt aus alten Zeiten, morsch und faul, die nach Neubau sich sehnen, so lasse man doch solch unschuldige Reste, bis sie hinderlich sind oder von selbst zerfallen, stehen, als eine zu uns ragende Kunde aus früherer Zeit.

Ja, eine Kunde aus früherer Zeit, denn was kann ein so unscheinbarer Name nicht alles erzählen? Der hat mehr gesehen und erlebt als wir alle, es lohnt sich wahrlich, einen einmal auszufragen: Nehmen wir da einmal z. B. den Hempel (vergl pag. 23)

Was klingt das jetzt so lächerlich, Hempel, Hampel, Hampelmann! So lächerlich klang es nicht immer, so z. B. damals noch nicht, als im fernen Morgenland, in Palästina, vor drei oder vier tausend Jahren vielleicht, ein frommer Jude bei der Geburt seines ersten Sohnes dankbar in die Worte ausbrach: Jehô chanán! Jehovah hat sich über uns geneigt, er ist gnädig gewesen, er hat uns beschenkt. Und so wurden von da ab viele Judenkinder genannt: Jehó-chanán der Herr ist gnädig gewesen, oder wie die Griechen es später aussprachen: Jo-oannés (Johannes). Als Johannes der Täufer und Johannes der Evangelist so hießen, war der Name durch den vielen Gebrauch schon abgenutzt und abgeschliffen, aber da empfing er, eben weil diese Männer so hießen, wieder neuen Glanz, und viel tausend Christen wählten sich einen dieser zwei Johannes zum Schutzpatron für ihre Kinder und tauften die so. Und ebenso ging es mit dem Namen Peter, der zuerst entstand als Jesus ben Simon wegen seiner Felsenfestigkeit Petrus, d. h. Fels nannte. Mit Petrus wurde Johannes, dieser nun schon zum zweitenmale, durch den häufigen Gebrauch alt und abgenutzt, aber als in den deutschen Wäldern die Predigt vom Christenthum erscholl, da gaben die Deutschen neben ihren alten heimischen auch diesen Namen ehrfurchtsvoll das Bürgerrecht, und sie wurden dort wieder jung und neu. Man verband sogar Johannes, den Apostel der Liebe mit Petrus, dem Apostel der Hoffnung, und nannte sich Johannes Peter. Wie nun Peter zum zweitenmal, Johannes zum drittenmal alt geworden sind und verschlissen, das sahen wir, als wir betrachteten, wie sie zu unkenntlichen Trümmern geworden sind, zu Henß und Hanzo, zu Henke und Jansen und Peemans. Ja es ist so arg, daß viele sie als Taufnamen für ihre Kinder nicht mehr leiden mögen: wer will heutzutag noch Hans oder Peter heißen?

Daraus sieht man, daß es durchaus nicht zufällig ist, wenn „gemein" ursprünglich „allgemein" bedeutet, dann aber auch „verachtenswerth", denn letzteres ist in vielen Lebensgebieten die Folge des ersteren. So auch bei den Namen. Grade die an sich schönsten wurden deshalb gemein im erstern Sinn, und nach und nach gemein im Sinne „verächtlich", ja gradezu Umschreibungen gewisser Eigenschaften; Stoffel (Christoph) ist ein Tölpel, Annekäth ähnlich, ein Johann ist ein Bedienter, man spricht von einem „gutmüthigen Hampel", einem „Zorn=Nikel", einem „deutschen Michel", einem „kölner Drikes", wer sich zum Pesten halten läßt, ist ein Hans oder Ulrich (Utz), denn „Jemand hänseln", oder „utzen" ist ja nichts anders als Jemand zu einem „Hans" oder „Ulrich" (Utz) machen.

Aber da weiß ich noch einen, der auch schon lange unterwegs ist, den wollen wir zu guter Letzt noch etwas ausfragen: Sitzius (S. pag. 19).

In grauer Vorzeit, als ganz Europa noch ein Urwald war, in dem untergegangene Menschengeschlechter wohnten, als auch Griechen und Römer, die wir jetzt die alten Völker nennen, weil sie längst verschollen und untergegangen sind, noch nicht existirten, da wohnte an den Quellen des Oxus und Jaxartes, an den Abhängen des Belurtag und Muſtag, in der höchſten Partie der Hochebene Centralaſiens, ein Volk, das Ackerbau trieb und deshalb ſich Arier, die Pflügenden nannte, ein hochbegabtes, herrlich gebautes Volk, in der Urkraft der Jugend, lebenſprühend und phantaſievoll. Sie beobachteten gut die Natur um ſie her und deren Erſcheinungen, und wie dann in geheimnißvollem Wechſel die Jahreszeiten vorüberzogen; wie zuerſt im Winter das Leben ſchlief, die Erde gefeſſelt und ſtarr dalag, unnahbar umſchloſſen von Eismauern und Nebelwällen, bis dann endlich, endlich die glänzende Frühlingsſonne kam mit den hellen, leuchtenden Augen, und der Sonnenheld nach grimmem Kampf die Nebel bezwang und den Froſt, die verderblichen, hölliſchen Mächte; wie er dann die befreite, erweckte, blühende Erde umfing in bräutlicher Liebe, aber dann weiterziehend unerbittlich die erſte Liebe verlaſſend ſich der zweiten glühenden Liebe zuwandte, dem Sommer; und wie dann, als ob es die Rache ſei der verlaſſenen Braut, als ob dieſe die hölliſchen Mächte herbeiriefe, wie dann die Nebel wieder kamen und die Stürme, wie ſie heimtückiſch den Helden umlagerten, bedrängten, beſiegten, daß er ſterben mußte, verfallen den Unterirdiſchen; wie dieſe Dinge all an jenen Kindern der Natur vorüberzogen in ewigem Kreislauf, und doch ewig neu und anders geſtaltet, da lauſchten ſie und warteten leuchtenden Auges auf den Ausgang des Kampfes. Waren ſie doch ſelbſt daran ſo nahe betheiligt, ihr Leben und Daſein recht ſichtbarlich davon abhängig. Und dabei zog es jedesmal durch ihre Seele wie Ahnung übermenſchlichen Daſeins, wie Ahnung göttlicher Mächte, die hier in Beziehung träten zu den Menſchen, und unvermerkt geſtalteten ſich jene Kämpfe der Natur in ihrem dichtenden Geiſte zu Göttergeſchichten. Und dann breitete ſich das Volk aus weithin über Aſien, bis ihnen das Land zu klein war, oder ihre Wanderluſt zu groß. Da trennten ſie ſich; die einen zogen ſüdwärts nach Indien, die andern weſtlich. Von denen kamen wieder die einen nach Kleinaſien, Griechenland, Italien, die andern nach Deutſchland und den nordiſchen Ländern. Aber mit ihnen zogen jene Göttergeschichten, die nun schon uralte Geschichten geworden waren. Die Enkel wußten nichts mehr von deren erstem Ursprung, und die gestaltende Kraft der Sage wob darum reiche schimmernde Gewänder. Und im Norden wurde die Geschichte vom jungen und alten Jahr zur Geschichte von den Asen und Baldur und Loki, und sie, dieselbe Geschichte, wurde auch zur Geschichte vom Siegfried, dem Jüngling mit den leuchtenden Augen, der aus feurigem Walle die Braut befreit, der als Sieger und König über die Nibelungen, die Nebelkinder, durch diesen Sieg Frieden und Segen bringt, der aber bald die Befreite verläßt und eine andere zur Gattin wählt, über dem dann der Verlassenen Rachegedanken sich wie Wolken zusammenziehen, bis sie im Bund mit höllischen Mächten aus Nebelheim über ihn zusammenbrechen und ihn vernichten. Und siehe, da war allgemach der Götterjüngling unter den umgestaltenden Händen der Sage und Dichtung zum menschlichen Helden geworden. Die Völkerwanderung kam, Hunnen und Gothen und Burgunder kämpften miteinander, aber durch alle Schrecken hindurch sang man das Lied vom Siegfried. Das Christenthum fand Eingang in Deutschland, schon erschienen die Tage der Völkerwanderung als graue Vergangenheit, aber noch immer sang man das Lied vom Siegfried, nur daß man jene wilden Hunnen- und Burgunderkämpfe mit hineinmischte. Es entstand das Lied von den Nibelungen, und Siegfried der Starke blieb die liebste Gestalt der deutschen Sage. Ritter und Helden nannten sich so, ja in allen Dörfern konnte man bald „Siegfried" rufen hören. Da verlor der Name seinen heldenhaften Klang, der Löwe war gezähmt, man spielte vertraulich mit ihm, und zauste ihn an Mähne und Bart so lange, bis er zu Seyfried wurde und Seiffert und Seites, und zuletzt nichts übrig blieb als Seit. — Und unterdessen waren jene andern Brüdervölker, die einst auch Arier gehießen hatten, und mit ausgewandert waren nach Westen, in ein herrlicheres Land gekommen, sonnig und schön, nach Griechenland. Da war nicht so langsam, ernst und düster ihre Phantasie gewachsen, wie bei denen im Norden, sondern Flügel waren ihr schnell gewachsen, damit flog sie weit hinauf in den blauen Himmel und über das blaue Meer, flog bis dahin, wo die ewige Schönheit wohnt, die brachte sie mit heim, die wellenentstiegene, schaumgeborene, leuchtende, göttliche Schwester, und gepflegt von Phantasie und Schönheit erwuchs das schöne, harmonische griechische Leben. Und als es zerfallen war, wie Alles zerfällt, da brachte man die Trümmer dieses griechischen Lebens nach Rom, da blühte es nochmals auf. Und als auch Rom zerfallen war, da zerstreuten sich jene Trümmer weithin über alle Welt, und kamen auch, im Schutze der Klöster zuerst und der Kirche, nach dem Norden zu den alten Stammesbrüdern, nach Teutschland. Die pflegten und hegten sie dann und aus den Ruinen erblühte nochmals neues Leben. Durch die Bekanntschaft mit griechischer und römischer Sprache, Geschichte, Cultur und Kunst und die Uebertragung davon auf ihre Verhältnisse erhoben sich erst die Deutschen nun auch zu jener Höhe der Cultur, die einst dort erreicht worden war. Aber die Gelehrten, die alles besser wissen wollten, die ihr Lebenlang über jenen alten Trümmern gebrütet hatten, vergaßen des frischen Lebens um sie her. Sie dachten: so weit wie die Alten brächten wir es doch nimmer, dort nur sei Schönheit, Gesittung, Bildung, Weisheit: Latein sei die Hauptsache. Da verschnörkelten sie dann Alles mit Latein, gaben sich selber lateinische Namen und o Jammer! verschonten den alten, grau und schwach gewordenen Siegfried nicht einmal, nein, an den Seitz mußte noch das Latein, sie nannten die ehrliche deutsche Haut: Sitzius! — Sonderbarer Name! — Hinten ein Läppchen, vorn ein Läppchen! – Aber doch wieder, und das ist ja eben das Interessante, nicht willkürlich geflickt, durchaus nicht. Nein, grade all diese Götter- und Heldengeschichten, Völkerwanderung, Christenthum und römische Cultur, all das gehörte nothwendig dazu, um den Namen Sitzius zu Stande zu bringen. Es hielte uns zu lange auf, sonst könnten wir ähnlich noch manche ausfragen, wenn auch nicht alle so viel, aber etwas würde doch jeder zu erzählen haben.

So liegt denn in wenigen Namen die ganze Geschichte unserer Cultur, wie sie zusammengetragen ist aus Ost und Nord und Süd, das Resultat einer langen, langen Geschichte. Und so können wir auch in den Namen, einer scheinbar so zufälligen und unbedeutenden Schöpfung des menschlichen Geistes, selbst nachdem der Geist daraus entflogen, doch wenigstens noch, wenn ich so sagen darf, sein Flügelrauschen vernehmen. Haben wir also dadurch uns die einfache Wahrheit wieder einmal eingeschärft, daß überhaupt so leicht Nichts zufällig und sinnlos ist, daß auch das scheinbar Sinnlose noch lange nicht wirklich sinnlos ist, so war diese ganze Betrachtung, denk ich, nicht unnütz.

Maschinendruck von R. Voigtländer in Kreuznach.